NOTICE HISTORIQUE

SUR

SAINTE-SUZANNE

Et son Château,

Par M. Gerault, Curé d'Evron.

LAVAL,
SAUVAGE-HARDY, IMPRIMEUR-ÉDITEUR.
1840.

Sainte-Suzanne (*Sancta Suzanna*, *Sanctæ Suzannæ oppidum*), petite ville ([1]), chef-lieu de canton, dans le département de la Mayenne, occupe le sommet d'un monticule, dont le pied est arrosé par la rivière d'Erve. Elle se composait, avant 1790, d'une soixantaine de maisons, bâties sans goût, et d'une rue principale, étroite, sinueuse et mal pavée. Depuis plusieurs années, de nouvelles habitations ont été construites et les anciennes reparées. En 1824, l'administration municipale fit renverser une grosse tour carrée, et, sur son emplacement, on a percé la *rue Neuve* qui communique de la ville au Champ-de-Foire.

Cette ville, l'une des plus anciennes du Maine,

(1) D'après le dernier recensement, la commune de Sainte-Suzanne renferme 1619 habitans, dont cinq à six cents sont agglomérés dans la ville.

fut jadis une place importante. Quoique dominée par le rocher du tertre *Gane*, dont un vallon étroit la sépare, elle était, avant l'usage du canon, regardée comme un rempart inexpugnable contre les incursions des Bretons et des Normands. A l'extrémité du tertre s'élève la *Butte des quatre Piliers*, appelés aussi *Fourches patibulaires*, parce que l'on y exposait le corps des suppliciés (1).

Selon une antique tradition, Sainte-Suzanne était primitivement un simple château comprenant, dans son enceinte, l'étendue de la cour, telle qu'on la voit encore et ayant à sa proximité un bourg, dont l'église paroissiale portait le nom de St-Jean, surnommé de *Hautefeuille*, à cause de sa situation sur une éminence. Quand on réunit le bourg au château, afin d'augmenter les fortifications de ce point d'une si haute importance pour la défense du pays, la nouvelle enceinte n'eut plus qu'un seul nom et l'église elle-même fut placée sous le patronage de sainte Suzanne. Mais pour conserver les vieux souvenirs, on dédia une des chapelles à St-Jean-de Hautefeuille. Les registres de sépultures de l'église signalent des inhumations faites, dans cette chapelle, en 1694 et 1696.

Les fortifications de Sainte-Suzanne ne paraissent

(1) Le nombre des piliers attachés au gibet d'une justice était réglé, d'après la qualité de la seigneurie. Le gibet du baron était à quatre piliers, ceux du comte et du vicomte à six piliers. (*Coutume du Maine.*)

pas remonter au delà du Xe siècle. On y distingue l'enceinte du château, le donjon et l'enceinte de la ville.

L'enceinte du château, placée au sud-sud-est, comprend le tiers de la ville; elle en est séparée par des murailles de cinquante pieds d'élévation sur six à huit d'épaisseur qui sont flanquées de tours distantes les unes des autres de cinquante à soixante pieds.

Le donjon, consistant en une grosse tour carrée, avait de cent-vingt à cent-trente pieds d'élévation, soixante de longueur et trente de largeur : l'épaisseur des murs d'enceinte était de dix à douze pieds. Ce donjon, soutenu par des contreforts et construit vis-à-vis de l'ancien château, dont il ne reste plus que des débris, servaient évidemment de dernier retranchement en cas de surprise ou de défaite. A côté s'élève une tour ronde appelée *tour farinière*, parce qu'on y déposait toutes les provisions de bouche. Le haut du donjon est détruit et le fossé, que traversait le pont-levis, plus ou moins comblé. En 1218, Raoul, vicomte de Beaumont, donna une charte par laquelle il reconnaissait devoir annuellement aux moines d'Évron quatre sous mançais, pour le donjon de son château de Sainte-Suzanne (1).

(1) CHARTA DE CASTRO SANCTÆ SUZANNÆ.

Universis fidelibus præsentes litteras inspecturis, Radulphus, vicecomes Bellimontis salutem in Domino. Noverit universitas vestra me et hæredes meos debere de censu ecclesiæ Beatæ Mariæ de Ebronio quatuor solidos

La chapelle de ce château, à la présentation du seigneur et dédiée à Saint-Louis, est tombée de vétusté. On en trouve quelques vestiges dans l'intérieur du fort.

La ville a environ quatre cents toises de circonférence : les murs qui ont été plus élevés qu'ils ne le sont aujourd'hui, étaient flanqués de tours disposées de distance en distance et soutenus par de nombreux contreforts. Ces murs ont sept à huit pieds d'épaisseur, huit à dix d'élévation dans certains endroits et quinze dans d'autres. La tour la plus importante, bâtie au sud-ouest, peut avoir quatre-vingts

Cenomanenses de turre meâ quæ sita est in castro Sanctæ-Suzannæ, singulis annis, in festo assumptionnis Beatæ Mariæ per manum villici dicti castri monachis ebroinensibus persolvendos. Et si villicus castri victum censum in festo prætaxato non reddiderit, quot diebus post festum censum illum reddere neglexerit, pro uno quoque die, duodecim denarios tenebitur dictis monachis emendare. Quod ut ratum permaneat in futurum, præsentem cartulam sigilli mei munimine roboravi. Actum, anno gratiæ millesimo ducentesimo octavo decimo. *(Cartulaire de l'abbaye d'Evron.)*

CHARTE TOUCHANT LE CHATEAU DE SAINTE-SUZANNE.

A tous les fidèles qui ces présentes lettres verront, Raoul, vicomte de Beaumont, salut en notre seigneur. Que tous sachent que je dois, ainsi que mes héritiers à l'église de Notre-Dame d'Évron, pour mon donjon situé dans le château de Ste-Suzanne quatre sous mançais de cens, payables chaque année aux moines d'Évron, le jour de l'Assomption de la Sainte-Vierge par le fermier de mondit château. S'il n'acquittait pas ce sens au terme fixe de la fête, il sera tenu de donner aux moines en dédommagement, autant de fois douze deniers qu'il aura laissé passer de jours après la fête, sans payer ledit cens. Et, afin que ceci demeure ratifié pour toujours, j'ai confirmé la présente charte par l'apposition de mon sceau. Fait l'an de grâce mil-douze-cent-dix-huit.

pieds d'élévation et quatre cents de circonférence.

Les murs de la ville ont été construits sur de plus anciens et même sur des débris de murailles vitrifiées. On observe un bloc de ces vitrifications au sud, sur une longueur de dix mètres. Cette masse offre une agglomération de pierres (presque toujours de grès) irrégulières et inégales, liées par une pâte vitreuse de couleur vert-bouteille plus ou moins foncé ([1]).

Les portes *Murée* et du *Guichet*, au sud et au nord, furent détruites, en 1786, parce qu'elles gênaient le passage des voitures. Il y en avait en outre deux autres petites, la *porte de Fer* et celle dite la *seconde porte du Guichet*, communiquant l'une au château du côté du nord et l'autre à la ville du côté de l'orient. On voyait au-dessus de la petite porte de fer une herse de fer suspendue pour défendre l'entrée du château et écraser par sa chûte ceux qui auraient voulu s'y introduire. Cette herse, d'où la porte tirait son nom, fut enlevée en 1785, par ordre de M. le duc de Praslin.

Un souterrain, pratiqué dans l'intérieur du château, va de la maison du garde à l'écurie du Grand-Moulin. Comme il en sortait des reptiles qui incommodaient les chevaux, dit-on, et les faisaient hennir, son issue dans l'écurie fut murée. La tradition

(1) M. de la Pylaie, *Mémoires de l'Académie des Antiq. de France*, tome VIII, p. 800.

ajoute que ce souterrain servait à approvisionner la ville et le château, dans les temps de siège.

En 1083, Guillaume-le-Bâtard, roi d'Angleterre et duc de Normandie, s'étant emparé du Maine, Hubert II, vicomte de Beaumont, se réfugia sur le rocher de Sainte-Suzanne et de là fit un appel à tous les preux de la France pour résister à l'usurpateur qui aspirait ouvertement à la monarchie universelle. Les chevaliers, dociles à la voix de l'honneur, accoururent de toutes parts et Sainte-Suzanne devint le boulevard de la liberté de l'occident de l'Europe. La défense fut brillante, dit Odéric Vital, et la fortune jusqu'alors si heureuse de Guillaume vint se briser au pied du rocher et des murs de Sainte-Suzanne.

Le siège dura quatre ans, pendant lesquels le Vicomte Hubert et les siens gagnèrent beaucoup de gloire et s'enrichirent des dépouilles prises dans le camp que les Anglo-Normands avaient été obligés de construire dans la vallée de Beugy [1], pour

(1) Cette vallée de Beugy, au nord-ouest de la ville, proche le lieu de la Motte, se nomme actuellement *Bougen*. Le fort, que les Anglo-Normands y construisirent, était divisé en deux retranchemens coupés par un fossé: un pont-levis en facilitait la communication. Le premier fort, situé à l'est, a une enceinte dont la longueur est de 80 mètres sur 60 de largeur. On en a fait un champ appelé le *Champ de la Butte*. L'autre enceinte qui porte le nom de *Champ de derrière*, est d'une étendue à-peu-près égale. Il est probable qu'on avait établi des bastions aux quatre extrémités de chacune des enceintes, car le terrain y est plus élevé. Ces ouvrages en terre mêlée de petites pierres, peuvent avoir cinq à six mètres d'élévation;

arrêter les courses de la garnison. Leurs efforts furent inutiles : ils ne rapportèrent, suivant l'expression de leur historien, *que les fers de lance qui demeurèrent fichés dans leurs plaies.* Guillaume traita avec Hubert et lui rendit Fresnay et Beaumont.

En 1425, Ambroise de Loré défendit vaillamment Sainte-Suzanne avec six cents hommes contre l'armée de Salisbury. Ce général anglais, irrité d'une résistance à laquelle il ne s'attendait pas, fit venir neuf à dix pièces de canon et ouvrit une brèche si grande, que les assiégés, ayant perdu tout espoir, capitulèrent et sortirent avec vie et bagues sauves, moyennant une somme de deux mille écus d'or de rançon ([1]).

En 1439, les Français firent le siège de Sainte-Suzanne, sous la conduite du seigneur de Beuil qui s'était ménagé des intelligences avec un Anglais, nommé Jean Ferrement et marié à une Française. Pendant que le commandant de la place était sorti pour faire des escarmouches, ce soldat, qui devait être de garde la nuit suivante, convint de chanter un air, dès qu'il serait en sentinelle, pour avertir les assiégeans de se tenir prêts avec leurs échelles au pied des murailles. Le signal réussit si bien, que nos soldats entrèrent, dans la place, sans aucune

et les fossés, malgré l'éboulement des terres, offrent une largeur de trois à quatre mètres.

(1) Le Co[illegible] p. 683. — Trouillard, *Comtes du Maine*, p. 164.

résistance et surprirent ceux de la garnison. Ils en tuèrent une grande partie et firent les autres prisonniers: quelques-uns se sauvèrent tout nus sans prendre le temps de se couvrir de leurs habits. Le roi donna incontinent le gouvernement du château au seigneur de Beuil, quoiqu'il appartînt au duc d'Alençon qui fut fort mécontent (1).

Cependant les Anglais reprirent bientôt la place, sans qu'on puisse en connaître l'époque d'une manière précise. Lorsqu'ils rendirent la ville, le château de Mayenne et quelques autres places, en exécution du traité conclu avec Charles VII, le 15 mars 1447, ils refusèrent de remettre Sainte-Suzanne. Nos soldats furent donc contraints d'en faire le siège et d'y mener du canon. Des troupes accoururent au secours des assiégés; mais Ambroise de Loré les surprit entre les forts d'Ambrières et de la Crousille (2) et les tailla en pièces. La garnison se rendit bientôt par composition, et les Anglais chassés alors de toute la province du Maine, car Sainte-Suzanne était la dernière ville restée en leur pouvoir, furent obligés de se retirer en Normandie et en Angleterre (3).

(1) Le Corv. p. 723.

(1) Ambrières est un village situé à l'extrémité de la commune de Viviers, sur les confins de celle de Sainte-Suzanne : on y voit encore des restes de fortifications. La Crousille est située en Voutré, sur les bords de l'Erve. Il y avait anciennement, dans ce village, un prieuré dédié à Saint-Jean-l'Évangéliste et dépendent de l'abbaye d'Evron

(3) Le Corvais. pag. 726.

Sainte-Suzanne demeura en paix jusqu'au temps de la Ligue qui se forma en 1576. Cette ville eut beaucoup à souffrir des guerres civiles, parce qu'elle était du domaine particulier d'Henri IV et voisine de Mayenne, si souvent prise et reprise par les différens partis, en 1574, 1589, 1590 et 1592. Aussi les registres de baptême de la paroisse qui fournissent bien des notions curieuses pour le lieu, sont interrompus depuis 1570 jusqu'en 1589. Les troubles du temps ont certainement occasionné cette omission fâcheuse. La ville fut assiégée par les Ligueurs, en 1589, comme on le voit par un acte de baptême du 21 septembre de la même année (1), *faisant lequel baptistaire*, dit le vicaire à la suite de l'acte, *jouaient les pièces d'artillerie de ceux qui assiégeaient la ville, M. de Bouillé, seigneur du Bourgneuf, soutenant leurs efforts*, c'est-à-dire, tenant contre leurs efforts, car c'était ce seigneur qui commandait la place. Le siège fut levé, le 26, comme le porte un acte de sépulture daté du 29 et à la fin duquel le même vicaire ajoute: *et fut le troisième jour après que le siége fut levé de devant la ville.* Ainsi Sainte-Suzanne résista aux efforts des Ligueurs pour rester fidèle à Henri IV. Ce prince ayant pris le

(1) Ces registres ont été malheureusement pillés, pendant la révolution. Nous devons ces particularités à des notes faites, avant cette époque par M. Marquis-Ducastel, ancien curé de Sainte-Suzanne et conservées par M. Brillet, vicaire de la même paroisse et actuellement curé de Millesse.

Mans, le 25 novembre suivant, Sablé, Château-Gontier et Laval se soumirent aussitôt. Il entra dans cette dernière ville, le 7 décembre de la même année, y séjourna dix jours et de là se rendit à Mayenne pour s'assurer du château.

Mais, en 1592, le duc de Mercœur, gouverneur de Bretagne pour la Ligue, battit les troupes royales à Craon et prit ensuite Laval dont il donna le commandement au colonel Commeronde qui fut bientôt remplacé par Urbain de Laval-Montmorency-de Bois-Dauphin. Ce seigneur prit Château-Gontier, en 1593, et assiégea Ste-Suzanne, la même année. Les habitans, après avoir beaucoup souffert des canons, qui ruinèrent le grand bastion carré, se rendirent avec vie et bagues sauves.

Cette place fut enfin remise au roi avec Sablé et Château-Gontier par Bois-Dauphin lui-même qui fit son traité de paix, en 1596, et reçut le bâton de maréchal pour récompense, en 1599. Laval avait fait sa soumission, dès 1594, entre les mains du maréchal d'Aumont. A partir de cette époque rien n'indique qu'il y ait eu une garnison à Ste-Suzanne : elle eût été inutile, puisqu'alors la paix était assurée au-dedans et au-dehors.

Pendant les guerres de la révolution de 1789, cette ville se maintint pour le gouvernement de la république, au milieu d'un pays occupé par les troupes royalistes. Néanmoins, le 11 décembre 1793, à la suite de la défaite des Vendéens au Mans, le bruit ayant couru que les insurgés se répandaient dans les campagnes, une terreur panique s'empara des habitans : la plupart s'enfuirent, au milieu de la nuit, à la lueur des lanternes. En 1815, les royalistes se présentèrent, le dix juillet, devant la ville qui refusa de les recevoir.

Ste-Suzanne était une baronnie, membre du duché de Beaumont : elle a donné son nom à une ancienne famille qui possédait cette terre, dès le commencement des fiefs. Lucie de Ste-Suzanne, héritière de cette maison, la porta en mariage à Raoul II, vicomte de Beaumont, à la fin du Xe ou au commencement du XIe siècle (1). Cette seigneurie a été dans la maison de Beaumont, jusqu'en 1253, qu'elle passa dans celle de Brienne par le mariage d'Agnès, vicomtesse de Beaumont, dame de la Flèche et de Ste-Suzanne avec Louis de Brienne, troisième fils de Jehan de Brienne, roi de Jérusalem. Les descendans de Louis prirent le titre de vicomtes de Beaumont et de seigneurs de la Flèche et de Ste-Suzanne. Marie, héritière de la maison de Brienne, en 1364, par la mort de son frère qui ne laissa point d'enfans, emporta ses biens dans celle de Chamaillard par son mariage avec Guillaume de Chamaillard, dont naquit Marie de Chamaillard, fille

(1) Le vicomte de Sainte-Suzanne, sous le règne de Philippe-Auguste, (1180) portait bannière.

unique, qui épousa, le 20 octobre 1371, Pierre II, comte d'Alençon. De ce mariage vint Charles, duc d'Alençon, vicomte de Beaumont, seigneur de la Flèche et de Sainte-Suzanne et marié à Marguerite d'Orléans, sœur de François Ier. Ils donnèrent le jour à Françoise, leur fille unique : celle-ci épousa, le 18 mai 1513, Charles de Bourbon, comte puis duc de Vendôme. Cette princesse obtint l'érection du vicomté de Beaumont, des terres, baronnies et seigneuries de la Flèche, de Château-Gontier et de Ste-Suzanne en duché-pairie, sous le nom de Beaumont. Françoise laissa, de son mariage, Antoine de Bourbon, duc de Vendôme et de Beaumont et, par ce dernier duché, baron de Ste-Suzanne. Antoine se maria le 20 octobre 1548, avec Jeanne d'Albret, reine de Navarre : ils eurent Henri IV qui, étant devenu roi de France, réunit ses biens à la couronne. Sous son règne, le château commença à avoir des gouverneurs *pour le roi*, en 1592. Dès le mois de juin de l'année précédente, le sieur Boisteau qui, en 1589, portait le titre de procureur fiscal de la baronnie, prit celui de *procureur du roi*. Henri IV engagea la baronnie de Sainte-Suzanne et ses dépendances à Guillaume Fouquet de la Varenne, son favori, le 25 septembre 1604, pour 150,000 livres, somme supérieure à la valeur de la terre. Cette somme étoit évidemment simulée, les contractans voulaient rendre le retrait impossible, mais le roi se réserva le droit de donner les provisions de charges de judicature.

Fouquet de la Varenne, devenu possesseur de la baronnie de Ste-Suzanne, fit abattre l'ancien château, situé vers le nord-est de l'enceinte de la cour. On voyait quelques restes de cet édifice, en 1772. Celui qui fut construit pour le remplacer, est situé sur le rempart du midi. On présume que Fouquet avait l'intention de l'agrandir, puisqu'il existe des pierres d'attente au pignon de l'est.

Les descendans de ce seigneur ont possédé la terre de Sainte-Suzanne, pendant plus d'un siècle. Catherine de la Varenne la porta en dot à Hubert de Champagne : leur petite fille, Anne-Marie de Champagne, épousa en 1723, César-Gabriel de Choiseul, depuis duc de Praslin. La seigneurie appartenait encore à cette famille, en 1790. Le château fut vendu, à cette époque, comme propriété nationale : après la révolution, M. de Praslin racheta sa terre 20,000 francs. En 1820, le prince de Beauvau, qui avait épousé une des filles du duc, aliéna le château à M. le baron de Damas, pour 10,000 francs, somme inférieure à sa valeur. Le régisseur des biens du baron habite cet édifice.

Le château avait cessé d'avoir des gouverneurs, en 1597, lorsque la ville resta sans garnison. Sainte-Suzanne subit bientôt le sort de tant d'autres villes qui virent leurs murs et leurs forteresses tomber en ruines, sous le règne de Louis XIII, où les fortifications de l'intérieur du royaume furent abandonnées. Vers la fin du règne de son successeur, les propriétaires de cette ville, dont les maisons avoisinaient les remparts, en obtinrent une concession avec les fossés correspondans, moyennant une légère redevance. Cependant les concessionnaires n'avaient rien détruit, avant 1784 : les tours et les remparts continuaient d'être élevés autour de la ville, excepté dans trois endroits où l'on avait pratiqué des terrasses: au château, au presbytère et auprès d'une maison qui ressemble assez à un castel à l'ouest du château. Maintenant il en existe un grand nombre et les murs disparaîtront ainsi peu-à-peu pour l'agrément des propriétaires. Jusqu'en 1793 il y avait sur la terrasse du presbytère, un canon qui ne servait jamais que la veille de la fête patronale (sainte Suzanne) et à l'installation des curés. Ce canon fut emporté par la troupe de Beaumont, ou plutôt de Mamers.

En 1771, Louis XV, ayant donné à son petit-fils, le comte de Provence, depuis Louis XVIII, le comté du Maine pour une partie de son apanage, le conseil de ce prince fit de nouvelles concessions, à la suite desquelles on vit tomber trois tours avec les remparts, dans une étendue de plus de quarante toises. Ces aliénations fâcheuses ont servi à accélérer la ruine des fortifications.

Avant 1789, la plupart des maisons de Sainte-Suzanne étaient à l'antique, intérieurement et extérieurement; aussi elles n'offraient aucunes de ces formes et de ces commodités déjà en usage, depuis long-temps, dans les moindres villes. Les fenêtres étaient en croix de pierre et les escaliers en forme d'échelles de meuniers; on y montait d'une seule volée. Depuis la révolution, la ville a changé d'aspect; on trouve des maisons élégantes et des jardins agréables.

On ne saurait assigner l'époque précise où Sainte-Suzanne commença à avoir un bailliage. Cette juridiction qui était certainement très-ancienne, et quelques-uns la font remonter à la fin de la seconde race de nos rois, relevait d'abord de la sénéchaussée du Mans; établie en 987, elle fut mise, sous le ressort immédiat de la Flèche, en 1543, par l'érection de la seigneurie de Beaumont en duché-pairie. Les lettres-patentes de François Ier portent qu'il y aura deux sièges principaux de justice, l'un à Beaumont et l'autre à la Flèche d'où devaient ressortir Château-Gontier et Sainte-Suzanne ([1]).

Henri IV étant monté sur le trône, les juridictions établies dans ses domaines qu'il réunit à la couronne, furent érigés en sièges royaux. Sainte-Suzanne devint donc *bailliage royal*, pour ressortir avec ceux de Beaumont, Mamers et Fresnay du siège de la Flèche, créé, dans le même temps, sénéchaussée et siège présidial.

(1) Mémoires manuscrits de Miroménil, intendant à Tours, 1697.

Ce bailliage devait être, par édit de création, composé d'un président-bailli, d'un lieutenant-général civil et assesseur criminel, d'un lieutenant particulier, de deux conseillers, d'un avocat, d'un procureur du roi, d'un greffier, d'un huissier-audiencier, d'un receveur de consignations et d'un commissaire aux saisies réelles.

Le ressort du bailliage s'étendait sur vingt paroisses :

Amné.
Bannes-en-Charnie.
Cossé-en-Champagne.
Saint-Christophe-du-Luat. mixte (1).
Etival.
Saint-George-sur-Erve. mixte.
Saint-Jean-sur-Erve.
Livet.
Mézangers.
Neuvilette. mixte.
Bernay.
Chemeré.
Saint-Pierre-sur-Erve.
Ruillé-en-Champagne.
Sainte-Suzanne.
Saint-Symphorien. mixte.
Thorigné-en-Charnie (2).
Torcé-en-Charnie. mixte.
Viviers.
Voutré. mixte.

Dans cette circonscription, on distinguait deux juridictions seigneuriales en exercice qui ressortissaient à Sainte-Suzanne : c'étaient celles de Neuvillette et de Sourches en Saint-Symphorien. Les audiences de la première se tenaient à Sainte-Suzanne et celle de la seconde à Bernay.

L'audience du bailliage royal était située à l'extré-

(1) *Mixte*, c'est-à-dire, que la paroisse était partagée entre deux ou plusieurs juridictions.

(2) Thorigné était une châtellenie que Henri IV demembra de la baronnie de Sainte-Suzanne et donna par engagement. (*Le Paige*, p. 644.)

mité des halles, dont elle était séparée par un mur. Ces halles n'ont rien de remarquable ; elles sont petites et paraissent d'une date peu ancienne. On y a établi la mairie, un bureau à tabac, etc. : le reste suffit pour les marchés qui sont peu considérables. D'ailleurs le commerce est presque nul, dans cette ville d'un accès difficile, avant qu'on eut pratiqué la route stratégique d'Evron à Sablé, livrée à la circulation en 1836.

Les bailliages ayant été supprimés en 1789, Evron et Sainte-Suzanne se disputèrent vivement l'honneur de devenir chef-lieu de district. Pour satisfaire les deux villes rivales, un décret du 4 mars 1790 statua que l'une aurait le district et l'autre le tribunal ([1]). Evron obtint néanmoins l'avantage du choix ; et les officiers municipaux, dans l'intérêt du lieu, préférèrent le district.

Sainte-Suzanne possédait, avec son bailliage, un grenier à sel formé en 1725. Le tribunal, établi pour juger les différends qui survenaient et les malversations par rapport à l'impôt du sel, était composé d'un président, d'un grenetier, d'un contrôleur, d'un procureur du roi, qualifiés du titre de conseillers du roi, d'un greffier et d'un huissier.

(1) Le district administrait les affaires d'un territoire déterminé, sous l'autorité du directoire du département. Il y avait, dans chaque district, un procureur syndic et quatre administrateurs. Quant au tribunal attaché au district, il était composé de cinq juges et d'un commissaire du roi : on y jugeait les affaires civiles et criminelles.

Le grenetier et le contrôleur faisaient auprès du siége les fonctions de conseiller du président et étaient obligés de faire acte de présence, lorsqu'on plaçait le sel dans le grenier et que les agens du fermier de l'impôt le distribuaient au public.

Les paroisses qui formaient l'arrondissement de ce grenier étaient au nombre de vingt-six :

Assé-le-Bérenger.	Izé.
Ballée.	Saint-Jean-sur-Erve.
Blandouet.	Livet.
Brée.	Saint-Léger.
La Chapelle-Rainsouin.	Mézangers.
Chammes.	Neau.
Châtres.	Neuvillette.
Chemeré-le-Roi.	Saint-Pierre-sur-Erve.
Saint-Christophe-du-Luat.	Saulges.
Cossé-en-Champagne.	Sainte-Suzanne.
Evron.	Torcé-en-Charnie.
Sainte-Gemmes-le-Robert.	Viviers.
Saint-Georges-sur-Erve.	Voutré.

Les registres de la paroisse nous apprennent qu'il existait à Sainte-Suzanne au commencement de 1632, un siége prévôtal de maréchaussée. Ce tribunal ne subsista pas long-temps : il avait été établi pour juger non-seulement les crimes et délits de guerre, mais encore les vagabonds qui opprimaient les peuples. On voit l'origine de ces tribunaux en France, dès la première race de nos rois.

Dans les derniers temps, Sainte-Suzanne eut un Hôtel-de-Ville, composé de deux échevins, de deux conseillers, de cinq notables, d'un procureur du roi et d'un greffier. En 1800, lors de l'organisation des départemens, elle fut érigée en chef-lieu de canton et devint le siège d'une justice de paix formée de dix communes de l'arrondissement de Laval.

Blandouet.	Sainte-Suzanne.
Chammes.	Thorigné-en-Charnie.
Saint-Jean-sur-Erve.	Torcé-en-Charnie.
Saint-Léger.	Viviers.
Saint-Pierre-sur-Erve.	Vaiges.

Cette ville possède une brigade de gendarmerie à pied, un bureau de distribution de lettres dépendant du bureau de poste d'Evron et elle est la résidence de deux notaires.

La paroisse dépendait autrefois du doyenné d'Evron soumis à l'archidiaconné de Laval. L'église fut reconstruite, vers la fin du XVe siècle, parce qu'elle tombait en ruines par suite des guerres des Anglais. En 1495, le cardinal de Luxembourg, évêque du Mans, accorda 140 jours d'indulgences à ceux qui coopéreraient à sa réédification. Le cardinal d'Amboise, légat du Saint-Siège, renouvela la même faveur, le six des ides de juin 1504.

Il ne paraît pas que ces indulgences aient excité la pieuse générosité des habitans : la fabrique vendit, depuis 1534 jusqu'en 1537, quatorze pièces de terre pour terminer la reconstruction. L'église fut enfin consacrée le 31 mai 1553, par Jean des Ursins, évêque de Tréguier, parce que l'évêque du Mans, Jean du Bellay, était alors retiré à Rome où il mourut doyen du sacré collége, en 1556. Le clocher actuel date du commencement du siècle suivant : le marché fut conclu en 1606.

L'église resta à l'intérieur dans le plus triste dénuement, pendant plus de 200 ans : il y avait à peine des livres pour le chant de l'office divin. Mais M. Marquis-Ducastel, ayant été nommé curé, en 1771, s'occupa sur-le-champ de pourvoir à la décoration de cet édifice. Pendant la tourmente révolutionnaire, l'église servit de club et de caserne : lorsqu'en 1800, elle fut rendue au culte, les habitans se montrèrent généreux pour subvenir aux premiers besoins. Un jubé fut construit, en 1806, et le chœur boisé, en 1815.

L'église paroissiale de Sainte-Suzanne avait pour succursale, du temps des guerres, la chapelle de la Madelaine, située dans le cimetière. La tradition porte qu'elle fut bâtie dans l'intérêt des habitans du *faubourg de la rivière* (1) et de ceux de la campagne qui ne pouvaient alors communiquer facilement avec le curé pour le service divin et l'administration des sacremens. La chapelle

(1) Le faubourg de la rivière, situé dans le vallon, renferme une population presqu'égale à celle de la ville. Il possède une tannerie, une blanchisserie de toiles, six moulins à blé, trois à tan, deux à foulon et sept papeteries qui fabriquent principalement du carré d'impression et de la couronne. Une seule de ces papeteries est en activité, depuis 1836, sans espérance de se soutenir long-temps. Mais on vient d'établir une mécanique à mouture, qui sera d'une grande ressource, dans le voisinage où l'eau manque souvent, pendant l'été.

de la Madelaine était assez grande pour cette destination, comme on en peut juger par les restes de ses anciens murs qui sont bien apparens. Ce qui prouve d'ailleurs son importance, c'est que le cardinal de Luxembourg, légat du Saint-Siège, en donnant, en 1495, un indult d'indulgences pour les réparations de l'église paroissiale, accorda le même privilège à ceux qui concourreraient à la restauration de celle de la Madelaine ([1]). En 1615, une assemblée des habitans décida la ré-

([1]) Indulgentiæ centum et quadraginta dierum concesssæ cunctis Christi fidelibus ecclesiam parochialem Sanctæ-Suzannæ et capellam beatæ Mariæ Magdelenes visitantibus.

Cùm ecclesia parochialis Sanctæ-Suzannæ in castro, sivè oppido dicti loci Sanctæ-Suzannæ constituta et capella beatæ Mariæ Magdelenes à dictà parochiali dependens ecclesià cenomanensis diocesis, propter earum vetustates, etiam causantibus guerris quæ longo tempore in illis partibus, proh dolor! viguerunt in magnam collapsæ sunt ruinam et ad earum reparationes Christi fidelium eleemosinæ quàm plurimùm sint necessariæ, cùm ad tantum opus parochianorum dicti loci non suppetant facultates; supplicationi quorum inclinati quia de ruinà hujus modi satis est nobis compertum, quamobrem cupientes et affectantes quod dicta ecclesia parochialis et capellam suis structuris debitè reparentur necnon libris, calibus etc. decenter muniantur, nos cardinalis et episcopus prædictæ diocesis et legatus sanctæ sedis apostolicæ cunctis Christi fidelibus præfatas ecclesiam et capellam in diebus sancti Mathæi, Parasceve, sanctæ Mariæ-Magdalenes, sanctæ Suzannæ et Dedicationis verè pœnitentes et confessi visitaverint et ad dictarum reparationes eleemosinam dederint, indulgentias centum et quadraginta dierum concedimus.

Datum, sub sigillo nostro, anno domini millesimo quadringintesimo nonogesimo quinto. (*Archives de l'église de Sainte-Suzanne.*)

Indulgences de cent quarante jours accordées à tous les fidèles qui visiteront l'église paroissiale de Sainte-Suzanne et la chapelle de Sainte-Marie-Magdelaine.

construction de cette chapelle. Elle fut rebâtie telle qu'on la voit, en 1780 ; puis après avoir été abandonnée, en 1790, elle fut restaurée en 1826, à l'époque du jubilé universel.

La cure de Sainte-Suzanne, à la présentation de l'abbé d'Evron, était estimée 800 livres. Le curé avait, de temps immémorial, le droit de pêcher et de faire pêcher *au refoul* du moulin au vicomte, le jour de la fête de madame sainte Suzanne (fête patronale). Il pouvait commencer aux vêpres de la vigile à lever les portes du *refoul* et les tenir ouvertes jusqu'au lendemain après vêpres.

Si Sainte-Suzanne et son château rappellent de beaux et nobles souvenirs, les environs de la ville ne sont pas sans intérêt : on y voit de précieux débris de monumens antiques. Nous avons déjà

Comme l'église paroissiale de Sainte-Suzanne, située dans le fort ou la ville dudit lieu, ainsi que la chapelle de Sainte-Marie-Magdelaine, succursale de ladite église paroissiale, au diocèse du Mans, tombent en ruines par vétusté, ou à cause même des guerres qui malheureusement ont affligé trop long-temps cette contrée ; et comme les aumônes des fidèles sont absolument nécessaires pour les réparations de ces édifices, les habitans n'ayant pas le moyen de subvenir à des dépenses si énormes, nous montrant favorables à leurs supplications, parce que nous connaissons l'état de désolation de cette église paroissiale et de cette chapelle, et que nous désirons ardemment qu'elles soient reconstruites convenablement et pourvues de livres, de calices, etc ; nous, cardinal, évêque du susdit diocèse et légat du Saint-Siège, nous accordons des indulgences de cent quarante jours à tous les fidèles qui vraiment repentans et qui s'étant confessés visiteront lesdites église et chapelle, aux jours de saint Mathieu, du vendredi-saint, de sainte Marie-Magdelaine, de sainte Suzanne et de la dédicace, et feront une aumône pour les réparer.

signalé ce fameux camp des Anglo-Normands, dans la vallée de Bonjen, où se concentrèrent les forces réunies de la Normandie, de l'Angleterre et de la Bretagne pour combattre les plus vaillans chevaliers de l'Aquitaine, de la Bourgogne et des autres provinces de France, ligués contre Guillaume-le-Bâtard.

Au nord-nord-est de ce vallon mémorable et à deux kilomètres de la ville, on trouve, dans le village des Erves, trois *dolmens* en pierres de grès. Le plus important, placé au milieu d'un champ voisin de la ferme, présente trois tables contiguës et disposées comme par gradins à des hauteurs différentes. La première de ces tables, posée sur quatre pierres mises debout, s'élève à six pieds au-dessus du sol : elle a treize pieds de longueur, huit de largeur et deux d'épaisseur. On croit remarquer l'endroit où l'on déposait le couteau des sacrifices et celui où était placée la tête de la victime. Quoique ce ne soient là que des conjectures, l'illusion est facile ; la forme du couteau est imprimée sur la table, de manière à confirmer la tradition vulgaire. Au-dessous de cette table, une seconde est soutenue par trois pierres à cinq pieds d'élévation : elle est longue de onze pieds, large de sept et épaisse de deux. Une troisième, de neuf pieds de longueur sur cinq de largeur, était également portée sur trois pierres, mais à la hauteur de quatre pieds : elle se trouve légèrement enfoncée en terre et ses bases sont renversées.

Le second monument se voit dans les *étrages* de la ferme : les six pierres, qui le composaient, sont étendues pêle-mêle et la plupart ont été mutilées. Celle qui paraît avoir servi de table, a onze pieds de longueur et six de largeur.

Un troisième autel druidique a dû exister proche la maison, à moins que les pierres, qu'on y trouve, n'aient appartenu au monument des *étrages* qui n'est lui-même qu'à une légère distance des bâtimens. Le propriétaire en a fait briser une par la moitié, depuis quelques années, pour employer les morceaux à des constructions. Ce vandalisme explique pourquoi on voit tant de débris de grosses pierres autour de la maison des Erves. La plus grande de celles que d'autres, sans doute, ont mutilées antérieurement, a six pieds carrés (1).

M. de la Pilaye, dans ses *Mémoires des antiquités de France*, t. VIII, page 367, signale auprès de ce village des Erves un *peulvan* de huit pieds de hauteur sur le bord de la rivière. Nous pouvons attester que ce monument est inconnu dans le pays : s'il y a existé, il n'en reste maintenant aucune trace. Ce même antiquaire prétend avoir

(1) Ce pays, situé, dans la Charnie, dont Sainte-Suzanne était la capitale, convenait très-bien aux Druides, à cause des nombreux massifs de bois, dont il était couvert. Aussi les ruines des dolmens qui nous restent prouvent qu'ils y portèrent leur culte et leurs institutions.

trouvé des os de phoques, dans le calcaire, non loin de la ville.

M. Maulny, naturaliste du Mans, étant venu visiter, en 1805, les autels des Druides, découvrit aux environs de la Croix-Couverte, à cent cinquante pas de Sainte-Suzanne, une terre propre à faire de la porcelaine. Il dit aussi avoir trouvé des pierres très-curieuses et entr'autres une agathe, mais il n'indique pas le lieu.

Ces détails suffisent pour piquer la curiosité des naturalistes de nos jours et des amateurs d'antiquités. Les ruines de la ville, ses tours à demi-détruites, ses fortifications renversées peuvent en même-temps donner de grands sujets de méditation, de profonds enseignemens, de frappantes leçons des vicissitudes humaines. Les habitans, dont plusieurs se montrent justes appréciateurs de ces murs antiques sur lesquelles sont imprimés tant de glorieux souvenirs, devraient être jaloux de conserver jusqu'aux moindres vestiges d'une grandeur qui n'est plus. Sainte-Suzanne était, au moyen âge, une des villes les plus importantes du Maine.

www.ingramcontent.com/pod-product-compliance
Ingram Content Group UK Ltd.
Pitfield, Milton Keynes, MK11 3LW, UK
UKHW020408250726
13967UKWH00006B/2534

9 782013 047005